AF140881

Jack Foley

Bridget
und andere Gedichte
Bridget & Other Poems

STONYBROOK EDITIONS

Jack Foley, *Bridget und andere Gedichte / Bridget and Other Poems*. Bilingual Edition. Translated by Andreas Weiland. All rights for this edition: Stonybrook Edition: New York; Steinbeck 2023
© 2022; 2023 by Jack Foley

Herstellung und Verlag:
BoD – Books on Demand, Norderstedt
ISBN: 978-3-7322-8597-6

To my dear ones: Sangye, Sean, and Kerry
& to the memory of my late wife, Adelle,
who made it possible for me to live
a writer's life.

WELCOMING AUGUST, 2022

Hail, Birth Month, thou who mad'st me lion,
Thou, for whom the calendar was changed,
Turning the seventh month, September, into the
ninth,
The eighth into the tenth, the ninth to the eleventh,
And the tenth, December, turned into the twelfth.
Names. My own, John Wayne, named for my
father's
Beloved brother, murdered by World War I,
And not for Marion Morrison, the actor.
Welcome, great Month, in Classic, closed-form
verse.
Tremendous Time repeats thee every year.
The circle turns, and people all turn with it.
And I re-turn, until it is my turn
To turn into the dark, to close my eyes
And hope that something of me still may live.
I was a man: then I'll be only—words,
Nothing but these vowels and consonants.
Turn, wheel.

EIN WILLKOMMEN DEM AUGUST 2022

Sei gegrüßet, Geburtsmonat, der du zum Löwen mich
   mich machtest,
Du, für den der Kalender geändert ward,
Der siebte Monat, der September, verdreht in den neunten,
Der achte in den zehnten, der neunte in den elften,
Und der zehnte, Dezember, verdrehte sich zum zwölften.
Namen. Mein eigener, John Wayne, genannt nach dem
   meines Vaters
geliebtem Bruder, gemordet vom Ersten Weltkrieg,
Und nicht nach Marion Morrison, dem Schauspieler.
Willkommen, großer Monat, in klassischen, geschlossenen
   Versen.
Die enorme Zeit wiederholt dich jedes Jahr.
Der Kreis dreht sich, und die Menschen drehn sich mit ihr.
Und ich komme wieder, bis ich an der Reihe bin
mich zu drehen ins Dunkel, meine Augen zu schließen
Und zu hoffen, daß etwas von mir dann noch lebt.
Ich war ein Mensch: dann werde ich sein nur – Worte,
Nichts als diese Vokale und Konsonanten.
Dreh dich, Rad.

THE QUIET REVULSION

time passes
and you learn.
subtle things
that were hidden
from you,
the hatred
of an old
friend, for instance.
for years,
you and your wife
saw him and his
wife
at Christmas,
at Thanksgiving.
your child
knew their
children.
but then
your wife died
and at first
the couple
seemed caring
but after a while
they stopped
contacting you.
no invitations.
no Christmas.
no Thanksgiving.

DER STILLE ABSCHEU

Die Zeit vergeht
und du erkennst.
Subtile Dinge
die versteckt warn
vor dir,
Den Haß
eines alten
Freundes zum Beispiel.
So viele Jahre
sahst du und sah deine Frau
ihn und
die seine
zu Weihnachten,
zum Erntedanktag.
Dein Kind
kannte
ihre Kinder.
Aber dann
starb deine frau
und zunächst
schien das Paar
so besorgt.
Aber nach einer Weile
hörten sie auf
dich zu sehn.
Keine Einladungen.
kein Weihnachten.
kein Erntedankfest.

you thought
it was the wife,
who was your wife's
friend more than
yours.
but then *she* died
and the last note
she sent you
was signed "love."
you were invited
to one memorial
and though it was
too far to travel there
you wrote a poem
that was recited.
then nothing again
though there was
a second memorial
in another city.
your son and daughter-in-law
were told
but not you.
you began to realize
it was the husband
who had cut you off,
who no longer wished
to see you.
and you thought
of the differences
between you,

Du dachtest,
es war die Frau,
die mit deiner Frau
mehr befreundet war
als mit dir.
Doch dann starb sie
und die letzte Nachricht
die sie dir schickte
endete mit: „In Liebe".
Du wurdest eingeladen
zu einem Abschiednehmen
und obwohl's zu weit war
um dorthin zu reisen
schriebst du ein gedicht
das vorgelesen ward.
Dann nichts weiter
Obwohl's ein zweites
Abschiednehmen gab
in einer anderen Stadt.
Man sagte es
deinem Sohn und der Schwiegertochter
aber dir nicht.
Du fingst an zu verstehn
daß es der Mann war
der dich schnitt,
der nicht mehr wünschte
dich zu sehn.
und du dachtest nach
über die Unterschiede
zwischen euch,

you a bohemian,
he a successful
CEO
who understood
little of art
though he made
an effort.
all those years
he must have wished
that you hadn't come
to the gatherings
but he could do nothing
about it.
all those years
he must have wished
to be rid of you,
saw in you
something he
could not
comprehend.
nor could he
respect
your thoroughly
unbourgeois
temperament,
your knowledge
of art
that his keen intelligence
could not take in,
your lack of respect

Du, ein Bohemien,
er ein erfolgreicher
Vorstandsvorsitzender
der wenig verstand
von Kunst
obwohl er sich
Mühe gab.
All diese Jahre
muß er gewünscht haben
du wärst nicht gekommen
zu den Treffen
aber er konnte nichts
daran tun.
All die Jahre
muß er gewünscht haben
dich los zu sein,
Sah in dir
etwas,
das er nicht
verstehen konnte.
Noch konnte er's
achten -
dein zutiefst
unbürgerliches
Temperament,
deine Kenntnis
der Kunst
zu der seine scharfe Intelligenz
keinen Zugang hatte,

for money.
I see it clearly now
and wonder
at the extent of it all,
the quiet revulsion
he must have felt
over all those years.
does he know,
now,
that what he felt
was
hatred?

deinen Mangel an Achtung
vorm Geld.
Ich seh es jetzt klar
und wundere mich
über das Ausmaß von allem,
den stillen Abscheu
den er verspürt haben muß
über all diese Jahre.
Weiß er
jetzt:
das, was er fühlte
war
Haß?

SHADOW BOXING WITH FLOYD

he always came out swinging
always did a little dance
featherweight but knowledgeable
aware that he was fun
and that the fun
was part of his seriousness.
heavyweight as writer
"Hey, champ," he'd say
and he would call for Claire
when he couldn't find
his glasses, child-like
always but aware, amused
and always with thought
behind his words.
his poems were punches
of the spirit
that always landed.
never on the ropes
never uncertain.
death takes us all,
Floyd,
but we can go down
to the dark place
undefeated
and know
our words made fires
in the caves of thought

for Floyd Salas

SCHATTENBOXEN MIT FLOYD

er wurde immer swingend sichtbar
hat immer ein bißchen getanzt
Federleichtgewicht, aber kenntnisreich
sich bewußt, daß er spaßig war
und der Spaß
ein Teil seiner Ernsthaftigkeit.
Ein Schwergewicht als Autor
„Hey, Kumpel", würde er sagen
und würd rufen nach Claire
wenn er sie nicht finden konnt -
seine Brille, wie'n Kind!
Immer, aber, bewußt; amüsiert
und immer warn Gedanken verborgen
in seinen Worten.
Seine Gedichte, Boxschläge
des Geistes
die immer saßen.
Nie in den Seilen -
niemals unsicher.
Der Tod nimmt uns alle,
Floyd,
aber wir können runter gehn
zu dem dunklen Ort
unbesiegt
und wissen
unsere Worte verursachten Feuer
in den Höhlen der Gedanken

für Floyd Salas

THE OLD, INTELLIGENT

lefties,
the ones who criticized
the country
with accuracy & precision
but who never turned
the lens
upon themselves:
the lack
of compassion,
the need
to feel
superior
to what
is criticized.
was there a Buddhist
somewhere in this vast land
who might
have helped them
cool
their anguish,
fear,
and dream
of a broken
world?

DIE ALTEN, INTELLIGENTEN

Linken,
die es kritisierten
das Land
so akkurat & präzis
aber die nie
den Blick richteten
auf sich selbst:
den Mangel
an Mitgefühl,
das Bedürfnis
sich überlegen
zu fühlen
dem, was sie
kritisierten.
War da ein Buddhist
irgendwo in diesem weiten Land
der ihnen
hätte helfen können
sie abzukühlen -
ihre Qual,
die Furcht,
und den Traum
einer kaputten
Welt?

IF MY SONG...

Let me sing of Dixie's charms
Cotton fields and Mammy's arms,
And if my song can make you homesick,
I'm happy, I'm happy
--Irving Berlin (1930)

What was there about the invented South
The South of the minstrel show
That made it function
As a stand-in for "home"?
How many songs
About the longing
For the "good old Southland"
For the "old folks at home"?
Was it Dan Emmett or Stephen Foster
Who began it?
The man who wrote
"'Way down upon the Swanee River"
Had never been to the Sewanee River
Or seen Florida
Though he had certainly been
To minstrel shows.
Even Thomas Wolfe--
A genuine Southerner--
Wrote Look HOMEWARD, Angel.
So many songs--
"Chattanooga Choo Choo
Won't you choo choo me home?"
The songs say

WENN MEIN LIED...

Laß mich singen von Dixies Charme
Von Baumwollfeldern und Mamas Arm,
Und wenn mein Lied in dir Heimweh weckt,
bin ich glücklich, bin ich glücklich
--Irving Berlin (1930)

Was war dran an dem erfundenen Süden
Dem Süden der Minstrel-Shows
Die ihn funktionieren ließen
Als Platzhalter für „Heimat"?
Wie viele Lieder
Sprachen von Sehnsucht
Dem "guten alten Südland"
Den „Alten daheim"?
War es Dan Emmett oder Stephen Foster
Der damit begann?
Der Mann, der schrieb
"'Da unten, auf dem Swanee River"
War nie am Sewanee River gewesen
Oder hatte Florida gesehn
Obwohl er sicherlich
Minstrel-Shows sah.
Sogar Thomas Wolfe--
Ein echter Mann des Südens...
Schrieb Schau HEIMWÄRTS, Engel.
So viele Lieder –
„Chattanooga Choo Choo
Wirst du mich, huut, huut, nach Hause bringen?"
Die Lieder sagen

We have been away
But now we're going
Home.
Jolson--"Mammy":
"I hope I'm not too late"
In the myth of the African American
Generated by anyone but African Americans
The singer has left the South
To go to the Northern cities
Where he is unhappy
And longs for the authenticity
Of cotton fields and Mammy.
I think these songs
Were about the white
Middle classes
The people that worked in the cities--
In what Brecht called the "net" of the cities--
And who were alienated
From their bodies
Because of the tasks they performed.
The story of the African American's
Superiority in bodily (i.e., sexual) awareness
Comes perhaps from the uneasiness
Of the white middle classes
About their own bodies.
These people
Were fascinated by syncopation
By rhythm
By Gershwin, by Waller, by Lead Belly, by
Presley
By anything that could connect them

Wir waren weg
Aber jetzt gehen wir
Heim.
Jolson – „Mama“:
"Ich hoffe, ich komm nicht zu spät"
Im Mythos des Afro-Amerikaners
Generiert von irgendwem, außer Afro-Amerikanern
Hat der Sänger den Süden verlassen
Um in die nördlichen Städte zu gehen
Wo er unglücklich ist
Und er sehnt sich nach der Authentizität
Von Baumwollfeldern und Mama.
Ich denke, diese Lieder
Sprachen von der weißen
Mittelklasse
Den Leuten, die in den Städten arbeiteten...
In dem, was Brecht das "Netz" der Städte nannte...
Und die entfremdet waren
Von ihren Körpern
Wegen der Arbeiten, die sie taten.
Die Erzählung von des Afro-Amerikaners
Überlegenem Körper- (d. h. sexuellen) Bewußtheit
Rührt vielleicht her von dem Unbehagen
Der weißen Mittelklasse
Hinsichtlich ihres eigenen Körpers.
Diese Leute
Waren fasziniert von Synkopen
Von Rhythmus
Von Gershwin, von Waller, von Lead Belly, von
Presley
Von allem, was sie wieder verbinden konnte

Back to their bodies,
By anything
That made their bodies
MOVE.
Sitting at a desk,
In a little cubicle
Where is the body located?
These songs
Saw the South
As Body Heaven,
The embrace of Mammy
A return to the womb
Which they,
In their infinite foolishness,
Had abandoned for a time.
This, they felt, was the mistake
At the heart of the city
A mistake
Which could be partially assuaged
Only by the body's
Fictional return
To a false and racist
Place called "home."

If my song can make you homesick,
I'm happy.

Mit ihren Körpern,
Von allem
Das ihre Körper
SICH BEWEGEN LIESS.
Wenn man an einem Schreibtisch sitzt,
In einer kleinen Kabine
Wo befindet sich dann der Körper?
Diese Lieder
Sahen den Süden
Als Körper-Himmel,
Umarmung von Mama
Rückkehr in den Mutterleib
Als das, was sie
In ihrer unendlichen Dummheit,
Eine Zeit lang aufgegeben hatten.
Dies, das fühlten sie, war der Fehler
Im Herzen der Stadt
Ein Fehler
Der teilweise gemildert werden konnt
Allein durch des Körpers
Fiktive Rückkehr
Zu einem falschen und rassistischen
Ort, genannt "Daheim".

Wenn mein Lied dich Heimweh fühlen läßt,
Bin ich glücklich.

CAHIERS DU CINÉMA CÉLESTE

I see them all in heaven,
discussing cinéma,
Bazin, Truffaut, Langlois,
Godard.
may they argue
the virtues
of Hitchcock and Hawks,
Kurosawa and Dreyer,
Chaplin and Keaton.
may they make films
now
simply by dreaming them,
may they make jump cuts
by the blink of an eye.
years ago, in Paris,
Adelle and I walked through
the set of
The Cabinet of Dr Caligari.
though the Cinémathèque
was closed that day
we were allowed
to enter because
I had published
articles about film.
we felt like we were wearing
the ruby slippers.
now, September 13, 2022,
they are all dead,

CAHIERS DU CINÉMA
CELÉSTE

Ich sehe sie alle im Himmel,
das Kino diskutieren,
Bazin, Truffaut, Langlois,
Godard.
Mögen sie streiten
über die Stärken
von Hitchcock und Hawks,
Kurosawa und Dreyer,
Chaplin und Keaton.
Mögen sie Filme machen
jetzt
einfach indem sie sie träumen,
Mögen sie Schnittsprünge machen
im Moment eines Augenblinzelns.
Vor Jahren in Paris,
spazierten Adelle und ich durch die
Kulisse von
Das Cabinett des Dr. Caligari.
Obwohl die Cinémathèque
an diesem Tag geschlossen war
durften wir
rein, weil ich
Artikel veröffentlicht hatte
über Film.
Wir fühlten uns, als würden wir
die Rubinschuhe tragen.
Jetzt, am 13. September 2022,
sind sie alle tot,

those saints of cinema,
and Adelle has been gone
for six years
but the magic
remains in memory.
we walked
amid the ghosts
of so many
and were seen
from infinite
points of view.
au revoir, Jean-Luc,
bon voyage.
you have become
the camera
of a dream.

Jean-Luc Godard , R.I.P.

From Wikipedia: Godard was part of a generation
for whom cinema took on a special importance.
He said: "In the 1950s cinema was as important as
bread—but it isn't the case anymore. We thought
cinema would assert itself as an instrument of
knowledge, a microscope... a telescope.... At the
Cinémathèque I discovered a world which nobody
had spoken to me about. They'd told us about
Goethe, but not Dreyer. ... We watched silent
films in the era of talkies. We dreamed about film.
We were like Christians in the catacombs."

diese Heiligen des Kinos,
und Adelle ist weg
seit sechs Jahren
aber die Magie
bleibt im Gedächtnis.
Wir spazierten
inmitten der Gespenster
von so vielen
und wurden gesehn
aus unendlichen
Perspektiven.
Auf Wiedersehen, Jean-Luc,
bon voyage.
Du wurdest
die Kamera
eines Traums.

Jean-Luc Godard, R.I.P.

Aus Wikipedia: Godard war Teil einer Generation, für die das Kino eine besondere Bedeutung erlangte. Er sagte: „In den 1950er Jahren war Kino so wichtig wie Brot – aber das ist es nicht mehr. Wir dachten, Kino würde sich als Instrument der Erkenntnis, als Mikroskop … als Teleskop … durchsetzen. In der Cinémathèque entdeckte ich eine Welt, von der niemand mit mir gesprochen hatte, sie hatten uns von Goethe erzählt, aber nicht von Dreyer ... Wir haben Stummfilme in der Zeit des Tonfilms gesehen, wir haben vom Film geträumt, wir waren wie Christen in den Katakomben. "

DAUGHTER

in law.
how strange
the qualification.
20 years ago
the wedding
now the long
happy
marriage.
there
are many
wonderful
memories
but above all
is the happiness
you gave to Adelle
when you said goodbye
for the last time.
I don't know
what you said
and it doesn't
matter.
what matters
is the light
I saw in Adelle's eyes
after you spoke to her,
knowing
her death would be soon.
I will never forget
her joy—

TOCHTER

Schwiegertochter, laut dem Gesetz.
wie seltsam
diese Einschränkung jetzt.
vor 20 Jahren
die Hochzeit
jetzt die lange
glückliche
Ehe.
Es gibt
so viele
wunderbare
Erinnerungen
aber vor allem
gibt es das Glück
das du Adelle gegeben
als du dich verabschiedet hast
zum letzten Mal.
Ich weiß nicht
was du gesagt hast
und das ist nicht
von Bedeutung.
Was von Bedeutung ist
ist das Leuchten
das ich sah in Adelles Augen
nachdem du mit ihr gesprochen hattest,
im Wissen
ihr Tod würde bald sein.
Ich werde nie
ihre Freude vergessen—

how many
can speak such love
to the dying,
can make them feel
they were loved
in this world,
that they had
(though they did not have)
a daughter.

Happy Birthday, Kerry
& Love
From Jack & Sangye

wie viele
können solche Liebe aussprechen
zu den Sterbenden,
können sie fühlen lassen
sie wurden geliebt
in dieser Welt,
und daß sie sie hatten
(obwohl sie keine hatten) --
eine Tochter.

Alles Gute zum Geburtstag, Kerry
& Liebe
Von Jack & Sangye

FOR ANDREAS WEILAND

ACH, DU LIEBER,
my German friend,
my Rilke redivivus,
you haven't a tactless
bone in your body.
your beautiful,
considerate,
tender
letter
came in today's
mail
and brightened
my morning.
I should have been
more explicit:
I LOVED
BOTH your
birthday poems
and loved
the stories you
told me.
Cid Corman,
poet and
ice cream man—
we corresponded
a little
just before his death.
I wanted to write him
about Yeats

FÜR ANDREAS WEILAND

ACH, DU LIEBER,
Mein deutscher Freund,
mein Rilke redivivus,
Du hast keinen taktlosen
Knochen in deinem Körper.
Dein schöner,
rücksichtsvoller,
zarter
Brief
kam mit der
Post von heute
und hat ihn aufgehellt
meinen Morgen.
Ich hätts deutlicher
sagen sollen:
ICH LIEBTE
BEIDE deiner
geburtstagsgedichte
und liebte
die Geschichten, die du
mir erzähltest.
Cid Corman,
Dichter und
Icecream-Mann -
wir korrespondierten
ein wenig
kurz vor seinem Tod.
Ich wollte ihm schreiben
über Yeats

but never did.
a dear friend
of my dear friend,
Larry Eigner
and a publisher
of Charles Olson.
what a web
of people
we inhabit,
the two us—
oh, how the love
of the great art, poetry,
has led us
to the circumambulation
of the spirit
as we live
enchanted lives.
and as for that Eve
who offered you her apple,
I'd say you did much better
than our great progenitor,
Adam.
a friend said,
some dreams
are better left
as dreams.
ach, du lieber
GOTT

MUCH LOVE,
Giacomo

aber tat's nie.
Ein lieber Freund
meines lieben Freunds
Larry Eigner
und ein Verleger
von Charles Olson.
Was für ein Netz
von Leuten
wir bewohnen,
wir zwei –
Oh, wie die Liebe
zu großer Kunst, Poesie,
uns geführt hat
zu Umkreisungen
des Geistes
während wir sie leben –
verzauberte Leben.
Und was diese Eva betrifft
die dir ihren Apfel anbot,
Ich würd sagen, du hast es viel besser gemacht
als unser großer Stammvater,
Adam.
Ein Freund sagte,
manche Träume
bleiben besser
Träume.
Ach, du lieber
Gott

VIEL LIEBE,
Giacomo

FOR ANDREAS IN GERMANY

The strange thing about the heart
is that though it stays secure
beating in the chest
nonetheless it travels.

two of them
one in germany
one in california
send heart stuff
back and forth

how to describe
this cardiopassion?
words...
sent back & forth...
alive
w/ love

FÜR ANDREAS IN DEUTSCHLAND

Das Seltsame am Herzen ist
daß es, obwohl's sicher bleibt
wo's schlägt in der Brust
trotzdem reist.

zwei von ihnen
einer in deutschland
einer in Kalifornien
schicken Herzensdinge
hin und her

wie kann man sie beschreiben
diese Herzensleidenschaft?
Wörter...
hin und her geschickt...
lebendig
mit Liebe

FOR THE BIRTHDAY
OF THE PHOTOGRAPHER,
ROBERT FISCHER

there's a mouse
in the house
and I hear its dying
crying
its hopes
for help—
unseen,
and I think of your
granddaughter
tiny adored thing
san francisco
behind her
and of the men
of all sizes
and ages
and the women too
golden sometimes
and the light
and the soundlessness
of your medium
as you
and your camera
look
without words
to find
a heart

ZUM GEBURTSTAG
DES FOTOGRAFEN
ROBERT FISCHER

Da ist eine Maus
in dem Haus
und ich höre ihr Sterben
Weinen
Ihr Hoffen
auf Hilfe--
ungesehn,
und ich denke an deine
Enkelin
winziges vergöttertes Ding
San Francisco
hinter ihr
und an die Männer
aller Größen
und jedweden Alters
und die Frauen auch
golden bisweilen
und das Licht
und die Lautlosigkeit
deines Mediums
während du
und deine Kamera
ohne Worte
ein Herz
zu finden
suchen

beneath
those surfaces
whose beauty
and interest
overwhelm us—
and I feel
the magic
of looking.
this is your world,
Robert,
these images
these silences
these living things
that wordlessly cry out
for life.

unter
diesen Oberflächen
deren Schönheit
und Interessantheit
uns überwältigt—
und ich fühle
die Magie
dieses Suchens.
Dies ist deine Welt,
Robert,
diese Bilder
diese Stille
diese lebendigen Dinge
die wortlos rufen
nach dem Leben.

READING HAROLD G. HENDERSON,
AN INTRODUCTION TO HAIKU (1958)

BUSON:

Night that ends so soon:
  in the ford there still remains
  one sliver of the moon.

FOLEY:

Under night's faint lamps
  I read haiku by Henderson;
  Sangye suffers cramps.

*

BASHŌ:

Leaning upon staves
  and white-haired—a whole family
  visiting the graves.

FOLEY:

Two friends, both old men,
  wait to be told of cancer—
  both uncertain *when*.

BEIM LESEN VON HAROLD G. HENDERSONS *AN INTRODUCTION TO HAIKU* (1958)

BUSON:

Nacht, die so bald schon endet:
in der Furt da bleibt noch
ein Splitter des Monds.

FOLEY:

Nachts im schwachen Licht des Lämpchens
Lese ich Haiku von Henderson;
Sangye leidet an Krämpfen.

BASHŌ:

Gestützt, alle, auf einen Stab
und weißhaarig – eine ganze Familie
besucht ein Grab.

FOLEY:

Zwei Freunde, jeder ein alter Mann
warten auf Worte über Krebs –
beide wissen nicht, wann.

ISSA:

In my old home
  which I forsook, the cherries
    are in bloom.

FOLEY:

Lemons grow again
  in Oakland, in my backyard
    where it doesn't rain

ISSA:

In meiner alten Heimat
  die ich verließ, blühn jetzt
  die Kirschbäume.

FOLEY:

Zitronen wachsen wieder mir entgegen
  in Oakland, in meinem Hinterhof
  doch es fällt kein Regen

MEMORIAL DAY POEM

Mr Life
and Mr Death
found themselves
seated next to
one another in
a train car.
they were surprised
to notice
that
they looked like twins.
"Say, we resemble
the Argüelles boys,"
said Mr. Life.
"Yes, we do,"
said Mr. Death.
"My complexion
is just a little
darker than yours."
"We look like Indians,"
said Mr. Life.
"Do you mind
if I smoke?
And oh, would you care
for a cigarette?"
"No," says Mr. Death,
"I gave them up
long years ago,
but please, indulge.

MEMORIAL DAY GEDICHT

Herr Leben
und Herr Tod
begegneten sich
neben einander sitzend
in einem
Eisenbahnwagen.
Sie waren überrascht
als sie bemerkten
daß sie aussahn
wie Zwillinge.
„Sag mal, wir ähneln
den Argüelles Jungs",
sagte Herr Leben.
"Ja, tun wir,"
sagte Herr Tod.
„Mein Teint
ist nur ein bißchen
dunkler als deiner."
„Wir sehen aus wie Indianer"
sagte Herr Leben.
"Macht's dir was aus
wenn ich rauche?
Und oh, möchtest du
ne Zigarette?"
„Nein", sagt Herr Tod,
„Ich hab das aufgegeben
vor vielen Jahren,
aber bitte, gönn sie dir.

I'll treat you to
a bottle of scotch."
"Wonderful,"
says Mr. Life
as they went on and on
and on and on
old friends
on a train called
YOU.

Ich werd dich einladen
auf ne Flasche Scotch."
"Wunderbar,"
sagt Herr Leben
während sie weiter und weiter sprachen
und weiter und weiter –
alte Freunde
in einem Zug namens
DU.

FOR ANGELA, THINKING OF THE IRISH IMAGINATION

*"I do recall when I first went to Ireland to visit my
auntie Kathleen. I got lost and stopped to ask. The
stranger said: "Ahh, you must be Evelyn's
daughter!" and directed me straight to my auntie's
door!"*

you are mistaken, my dear.
he was not a man
he was a presence
taking the shape
of a member
of the village—
a good angel
the Christians might call him
but he is older
than that faith.
he had been waiting
to direct you
to your aunt.
had you seen
his form again
in the village,
the man would not
have known you
or remembered
the incident.
there are many
spirits in this

FÜR ANGELA IN GEDANKEN AN DIE
IRISCHE FANTASIE

„Ich erinnere mich daran, wie ich, als ich zum
ersten Mal nach Irland ging, um meine Tante
Kathleen zu besuchen, mich verlief und anhielt,
um zu fragen. Der Fremde sagte: „Ahh, du
mußt Evelyns Tochter sein!" und führte mich
direkt zur Tür meiner Tante!"

Du irrst dich, meine Liebe.
er war kein Mann
er war eine Gegenwart
die die Form annahm
eines Mitglieds
des Dorfs –
ein guter Engel
so könnten die Christen ihn nennen
aber er ist älter
als dieser Glaube.
Er hatte gewartet
um dich zu leiten
zu deiner Tante.
Hättest du seine Gestalt
wieder gesehn
im Dorf,
so würde der Mann nicht
dich gekannt haben
noch hätte er sich
an den Vorfall erinnert.
Es gibt viele

country,
some howl
most dreadful,
but most are
kind.
they take the shapes
of the locals
but locals
they are not.
they live in
the air
but do not
breathe it.
they watch us
with eyes
that are other
than ours.
some are good,
some bad,
as with any group,
but if they see
we are kind
they are.
this one
knew you,
knew your mother,
and waited,
gentleness in his manner,
love in his eyes.
you will see him again
only once,

Geister in diesem
Land,
manche heulen
aufs Schrecklichste,
aber die meisten sind
freundlich.
Sie nehmen die Gestalt
der Einheimischen an,
aber Einheimische
sind sie nicht.
Sie leben in
der Luft
aber atmen
sie nicht.
Sie sehn uns
mit Augen
die anders sind
als die unsren.
Manche sind gut,
manche schlecht,
wie bei jeder Gruppe,
aber wenn sie sehen
daß wir freundliche sind
sind sie es auch.
Dieser da
kannte dich,
kannte die Mutter von dir,
und wartete,
Sanftmut in seiner Art,
Liebe in seinen Augen.
Du wirst ihn wiedersehn

when you pass,
after many, many years,
to the spirit
world.
he will be there
to point
the way.

these are mere dreams
these stories we tell
as the real runs from us
up a tree
or into a dark forest
or the vast sea.
"We Irish, born into that ancient sect,
But thrown upon this filthy modern tide,
And by its formless spawning fury wrecked,
Climb to our proper dark, that we may trace
The lineaments of a plummet-measured face,"
sang Yeats of his loved, maimed people
unable to move beyond
the statues they erected
in the darkness of their ancient longing
for the wind, the wind
that traveled along the rivers, among the reeds.

einmal nur,
wenn du hinübergehst,
nach vielen, vielen Jahren,
in die Geister-
Welt.
Er wird dort sein
um ihn zu weisen –
den Weg.

Sie sind nur Träume –
diese Geschichten die wir erzählen
während das Wirkliche von uns wegläuft
auf einen Baum
oder in einen dunklen Wald
oder das weite Meer.
„Wir Iren, geboren in diese alte Sekte,
aber geworfen in diese schmutzige, moderne Flut,
und von ihrer formlos sich mehrenden Wut zerstört,
steigen in unser eignes Dunkel, um die Züge eines
mit dem Lot vermessnen Gesichts zu ertasten"
sang Yeats von seinem geliebten, verstümmelten Volk
unfähig, hinauszugehen
über die Statuen, die sie errichteten
in der Dunkelheit ihrer uralten Sehnsucht
nach dem Wind, dem Wind
der entlang der Flüsse wehte, zwischen dem Schilf.

THE STORY: ORPHEUS

Listening to Anaïs Mitchell's bourgeois
Retelling of the Orpheus story—
Despite the smoking "Way Down Hades Town"
And the Leonard Cohen rip-off that follows it—
Brought me back to a poem I wrote
In my early twenties
At Cornell University.
I had already written a poem called "Orpheus"
When I had the idea to write another,
A poem beginning with the opening lines
Of the earlier poem.
Suddenly the new poem took hold
And dictated itself
To my wondering, wandering, ecstatic
    consciousness.
"Orpheus"
Returned me to what I had called "poetry"—
An openness of consciousness that was also
An elevation, a stirring up, a removal of myself
Into another state—a benevolent
Kidnapping, not unlike
The snatching of Eurydice.
Like her, I had no choice
But to follow, listen, watch.
I was, as we said in the fifties, "gone."
For me, the writing of poetry
Is the search for words
That will tear me away from the world,
Words that open upon another world or "world."

DIE GESCHICHTE: ORPHEUS

Anaïs Mitchells bourgeoise
Nacherzählung der Orpheus-Geschichte zu hören
hat mich trotz des rauchigen „Way Down Hades Town"
und der Leonard-Cohen-Abzocke, die ihm folgt –
zu einem Gedicht zurückgebracht, das ich schrieb
als ich Anfang Zwanzig war
an der Cornell Uni.
Ich hatte schon ein Gedicht, „Orpheus" betitelt, geschrieben.
als ich die Idee hatte, noch eins zu schreiben,
Ein Gedicht, das mit den Anfangszeilen
des früheren Gedichtes beginnt.
Plötzlich setzte sich das neue Gedicht durch
und diktierte sich selbst
meinem sich wundernden, wandernden, ekstatischen
    Bewußtsein.
"Orpheus"
brachte mich zurück zu dem, was ich „Poesie" nannte –
Eine Offenheit des Bewußtseins, die auch
ein Schweben, ein Aufrütteln, Entfernung von mir selbst
in einen anderen Zustand war– eine benevolente
Entführung, nicht unähnlich
dem Wegschnappen von Eurydike.
Wie sie hatte ich keine Wahl
als jene, zu folgen, zu hören, zu sehen.
Ich war, wie wir in den fünfziger Jahren sagten, „weg".
Für mich ist das Schreiben von Gedichten
die Suche nach Worten
die mich von der Welt wegreißen,
Worten, die eine andere Welt oder „Welt" eröffnen.

Since your death,
Those words come easier than they ever have
   before;
I don't know why.
Is it the Orphic heart
At the center of the poet's task,
The search for a new Eurydice
That is nothing but a body not of a woman but of
   words?
Logos—air, tongue's telling—
Answers Loss.
Adelle, I would not have traded your death
For this wealth of words
But your death came
And the deep pain of it
Made a flowering in my heart.
"You got him," said Robert Sward
When he read my early poem.
The story
Has stayed with me and become my own,
With a new woman—a new Eurydice—
At my side
And the death and life that mix in the story
Which is the tale
Of lovers menaced
By the very circumstance
That made love possible—
Which is to say, Life.
The story is not a story of family
But of lovers,
A story in which one can trust—

Seit deinem Tod
kommen mir diese Worte leichter denn je zuvor;
Ich weiß nicht warum.
Ist es das orphische Herz
im Mittelpunkt der Aufgabe des Dichters,
die Suche nach einer neuen Eurydike
die nichts ist als ein Körper, nicht von einer Frau,
   sondern von Worten?
Logos – Luft, der Zunge Erzählen–
antwortet dem Verlust.
Adelle, ich hätte deinen Tod nicht eingetauscht
für diesen Reichtum an Worten
Aber dein Tod kam
und der tiefe Schmerz darüber
brachte ein Blühen in mein Herz.
„Du spürst ihn", sagte Robert Sward
als er mein frühes Gedicht las.
Die Geschichte
ist haften geblieben und wurde die meine,
mit einer neuen Frau – einer neuen Eurydike –
an meiner Seite
und dem Tod und dem Leben, die sich in der
   Geschichte vermischen
die die Erzählung
von Liebenden ist, bedroht
durch eben die Umstände
die Liebe möglich machten –
was auch heißt, durch das Leben.
Die Geschichte ist keine Geschichte über Familie
sondern von Liebenden,
eine Geschichte, der man vertraun kann –

As Henri Michaux knew very well—

"Only the unknown,
And within the unknown,
Only the uncontrollable."

*

the man
followed the woman
into death
hoping to bring her back.
there was a door
or something he called a door
that led to a long corridor
lit with torches.
flickering light everywhere
until, finally,
another door.
an endless
meadow appeared.
flowers he had never seen
bloomed riotously.
no one was there
but there was a table
filled with food.
something told him
not to eat
though he felt
a sudden, ravenous hunger.
"Had you eaten,"

Wie Henri Michaux sehr gut wußte –

„nur das Unbekannte,
und im Unbekannten,
nur das Unkontrollierbare."

*

der Mann
folgte der Frau
in den Tod
in der Hoffnung, sie zurückzubringen.
Da war eine Tür
oder etwas, das er eine Tür nannte
die führte zu einem langen Korridor
erleuchtet von Fackeln.
flackerndes Licht überall
bis endlich,
eine andere Tür,
eine endlose
Wiese erschien.
Blumen, die er noch nie gesehn
blühten aufrührerisch.
Niemand war da
aber da war ein Tisch
voll mit Essen.
Etwas sagte ihm
nicht zu essen
obwohl er ganz plötzlich
gewaltigen Heißhunger spürte.
"Hättest du gegessen"

said a voice,
"you would have joined us."
he turned
and there was something like
a hologram speaking to him.
he felt a sudden revulsion
but answered,
"I am searching for my wife."
"I know," said the vision,
"you will find her there."
he pointed to a small tree
Orpheus had not seen before.
lying there, dreaming,
was Eurydice, the wind stirring
her hair. Orpheus
took down his lute
and began to play.
all around Eurydice flowers appeared,
at once enclosing, protecting, trapping her.
she woke and seeing him, smiled.
"We have lived this story," she said,
"thousands of times.
Each time you rescue me
and turn
and I remain
among the dead.
It will be no different
this time,
though I am ready to follow you
if you ask."
he stopped playing and beckoned to her.

sagte eine Stimme,
„so hättest du dich zu uns gesellt.“
Er drehte sich um
und da war etwas wie
ein Hologramm, das zu ihm sprach.
Er fühlte einen plötzlichen Abscheu
doch er antwortete,
„Ich such meine Frau.“
„Ich weiß“, sagte die Erscheinung,
„Du wirst sie dort finden.“
Er zeigte auf einen kleinen Baum
den Orpheus zuvor nicht sah.
Da lag und träumte
Eurydike, der Wind bewegte
ihr Haar. Orpheus
nahm seine Laute
und begann zu spielen.
Rings um Eurydike erschienen Blumen,
in eins sie umschließend, schützend, und fangend.

sie erwachte und lächelte, als sie ihn sah.
„Wir haben diese Geschichte gelebt“, sagte sie.
„Viel tausend Mal.
Jedes Mal rettest du mich
und drehst dich um
und ich bleibe
unter den Toten.
Es wird nicht anders sein
diesmal,
obwohl ich bereit bin, dir zu folgen
wenn du mich bittest."

they walked slowly towards the door
that had led to the meadow.
as they walked
they began to age
gradually at first and then quickly
from youth to age to old age.
both had difficulty walking
even the short space that led to the door
to the upper world.
Orpheus
could no longer sing, his breath
was so short.
Eurydice began
to lose her beauty
becoming an old, old woman.
Orpheus muttered, only half heard by his wife,
"The door is not far,
The door is not far,"
and then, without meaning to,
without wishing it,
compelled by the story,
he turned.
the old, old woman behind him
vanished without a sound.

...

there is a moment
    what windy trails we follow
in every authentic poem or story
    as we age

Er hörte auf zu spielen und winkte ihr zu.
Sie gingen langsam zur Tür
die zur Wiese geführt hat.
Während sie gingen
begannen sie zu altern
zuerst langsam und dann schnell
von der Jugend zum Alter zum hohen Alter.
Beide hatten Schwierigkeiten beim Gehen
selbst des kurzen Stücks, das zur Tür führte
zur Oberwelt.
Orpheus
konnte nicht mehr singen, sein Atem
war so kurz.
Eurydike begann
ihre Schönheit zu verlieren
wurde eine alte, alte Frau.
Orpheus murmelte, von seiner Frau nur halb gehört,
„Die Tür ist nicht fern,
Die Tür ist nicht fern“,
und dann, ohne es zu beabsichtigen,
ohne es zu wünschen,
gezwungen von der Geschichte,
drehte er sich um.
die alte, alte Frau hinter ihm
verschwand ohne jedes Geräusch.

...

Es gibt einen Augenblick
    welchen winddurchwehten Pfaden folgen wir
in jedem authentischen Gedicht oder jeder Geschichte

at which the poem or story
        what enterprises hollow
tells the author
        these darkening trails we follow
why they wrote it
        songs grow deep and hollow
we may call this moment
        turn the page!
climax
        what windy trails we follow
revelation
        as we age
the moment at which mind
is mirror

während wir altern
an dem das Gedicht oder die Geschichte
welchen Unternehmen, hohl und irr
Schriftstellern sagt
diesen dunklen Spuren folgen wir
warum sie das geschrieben haben
Lieder werden tief und hohl und irr
wir können diesen Moment bezeichnen als
blätter die Seite um!
Klimax
welchen winddurchwehten Pfaden folgen wir
Offenbarung
während wir altern
den Moment, an dem der Geist
Spiegel ist

THE SKELETON'S DEFENSE OF CARNALITY

Truly I have lost weight,
I have
lost weight,
grown lean in love's defense,
in love's defense grown grave.
It was concupiscence
that brought me to the state:
all bone and a bit of skin
to keep the bone within.

Flesh is no heavy burden
for one possessed of little
and accustomed to its loss.
I lean to love, which leaves me lean,
till lean turn into lack.

A wanton bone, I sing my song
and travel where the bone is blown
and extricate true love from lust
as any man of wisdom must.

Then wherefore should I rage
against this pilgrimage
from gravel unto gravel?
Circuitous I travel
from love to lack
and lack to lack,
from lean to lack
and back.

DES SKELETTS VERTEIDIGUNG DER LUST

Wahrlich, ich hab abgenommen,
ich hab
abgenommen,
bin schlank geworden in der Liebe Verteidigung,
in der Liebe Verteidigung ernst.
Es war Begierde,
die mich gebracht in den Zustand:
bin bloß Knochen und Haut
wo man die Knochen drin fand.

Fleisch ist keine schwere Last
für einen, der von wenig besessen ist
und gewöhnt an Verlust.
Ich neig zur Liebe, die mich mager macht,
bis mager zu Mangel wird.

Ein geiler Knochen, sing ich mein Lied
und reise hin, wo der Knochen geblasen wird
und gewinn wahre Liebe aus Lust
wie's jeder weise Mann muß.

Wozu dann ne wütende Art
gegen die ganze Pilgerfahrt
von Geröll zu geröllig?
Auf Umwegen reis' ich
von Liebe zu Lücke
 und Lücke zu Lück',
von mager zu Mangel
und zurück.

BRIDGET, PRONOUNCED "BREED"

- from the look of her not too good but I expect she'll recover

it was like walking with the sun

who are you
to tell me
what to do?
(night falling)
strange aims
strangeness
nothing
to speak of
hot
night
endless --
it was
hard
it was
hard
    for a *very*
             long
                time

feelings which are
settled
no longer
settled
why don't you just
take the car?

BRIDGET, „BREED"* AUSGESPROCHEN

--ihr Aussehn: nicht allzu gut, doch ich denk, sie erholt sich

es war wie ein Spaziergang mit der Sonne

wer bist du
daß du mir sagst
was ich tun soll?
(die Nacht bricht an)
fremde Ziele
Fremdheit
nichts
wovon man sprechen kann
heiße
Nacht
endlos
es war
schwer
es war
schwer
     für eine *sehr*
        lange
          Zeit

Gefühle,
die
nicht mehr
fest sind, fest
warum nimmst du nicht einfach
das auto?

I wish I could
speak
I no longer feel
as though my feelings --
"Much past experience convinces me that my capacity for
self-delusion in these matters is strictly speaking: bound-
less"

When I took her home she stayed very close to me as we
    walked   as we walked
Her sheer presence was dazzling, wonderful. It was like
    walking with the sun.
What do we read
as we read
books unread--barely regarded--
Thinking is still contained in perceiving. Perceiving is still
    a thinking of the senses.
Thinking is—Thinking--
"To overcome the world means to behold the world as it
was before it became dead in us"

During the months before the first menstruation, and for
some time immediately afterwards, girls are often passive,
seem sleepy, and withdraw into themselves

I guess the aleatory look of the spattered paper is supposed
to play off the rigid deliberation of the ruled lines, but the
results are consistently boring.

Beautiful credit! The foundation of modern society. Who
shall say that this is not the age of mutual trust, of unlimited

Ich wünsche, ich könnte
sprechen
Ich fühle mich nicht mehr...
als ob meine Gefühle...
Viel alte Erfahrung überzeugt mich daß meine Fähigkeit zur
Selbsttäuschung in diesen Angelegenheiten streng genommen
grenzenlos ist

Als ich sie nach Haus brachte, blieb sie sehr nah bei mir,
    während wir gingen, während wir gingen.
Ihre schiere Präsenz war blendend, wunderbar. Es war wie
    ein Spaziergang mit der Sonne.
Was lesen wir
während wir lesen
Bücher, nicht gelesen--kaum betrachtet
Denken ist noch immer im Wahrnehmen enthalten.
Wahrnehmen ist noch immer ein Denken der Sinne.
Denken ist—Denken--
„Die Welt überwinden heißt, die Welt zu sehen, wie sie war,
bevor sie in uns tot ward"

In den Monaten vor der ersten Menstruation und für einige
Zeit unmittelbar danach sind Mädchen oft passiv, sie wirken
schläfrig und ziehen sich in sich zurück.

„Ich denk, das aleatorische Aussehen des bekleksten Papiers
soll die rigide Bedachtheit der gezogenen Linien ausspielen,
aber die Ergebnisse sind durchweg langweilig."

„Schöner Kredit! Das Fundament der modernen Gesellschaft.
Wer sagt, daß dies nicht das Zeitalter des gegenseitigen Ver-

reliance on human promises?

lotus-bearer
        lord of the world
                lord of what we / see

is also a timid man, this violence is never expressed physically
   but only verbally

in the manner of certain painters who paint the same painting
over and over again, writes the same poem over and over again.
Form is not at / issue

The beloved
speaks, softly, out of a
machine, her voice
broken with
sorrow

I can barely
listen to y-
ou I
fall in love
whenever
I hear
you
speak

She is: beautiful blue-eyed red-haired self-destructive
She is: dark, with gray in her hair

trauens ist, des uneingeschränkten Bauens auf menschliche
Versprechen?"

Lotusträger
　　　Herr der Welt
　　　　Herr über das, was wir / sehn

ist auch ein schüchterner Mensch, diese Gewalt ist nie
körperlich ausgedrückt, sondern nur verbal

in der Art gewisser Maler, die dasselbe Bild wieder & wie-
der malen, schreibt dasselbe Gedicht wieder und wieder. Um
Form geht es / nicht.

Die Geliebte
spricht leis aus einer
Maschine, ihre Stimme
gebrochen vor
Kummer

Ich kann kaum
zuhören d-
ir ich
verlieb mich
wann immer
ich dich
sprechen
hör

Sie ist: wunderschön blauäugig rothaarig selbstzerstörerisch
Sie ist: dunkel, mit Grau im Haar

what does it mean to love

it is a kind of   fiction
an agreement to be   deceived
it is a
word, spoken, in haste,
powerful with
fiction

The link in my mind between self-consciousness and relig-
ion. Religion is a mode of self-consciousness which doesn't
admit to its own bases. A mode of self-remembering which
continually manifests itself in an effort to *forget*. But imagi-
nation = self-consciousness

that guiding point to which we can
re-
    turn (thought's tower)

There are all these women. Which of them do *you* want?
You.

Thanks for the drink and the conversation. I'd like more of
both.

secret looks—charms--
words meant only for--

"With his thing out."
"With his thing out."
"With cum on his thing."

was bedeutet's zu lieben

es ist eine Art   Fiktion
eine Vereinbarung,   getäuscht zu werden
es ist ein
Wort, gesprochen, in Eile,
mächtig durch
Fiktion

Die Verbindung in meinem Kopf zwischen Selbstbewußtsein
und Religion. Religion ist eine Weise des Selbstbewußtseins,
die sich nicht zu ihren eigenen Grundlagen bekennt. Eine
Weise des Selbsterinnerns, die sich ständig manifestiert im
Bemühen zu *vergessen*. Doch Imagination = Selbstbewußt-
sein

jener Leitpunkt, zu dem wir
zurück-
        kehren können (Gedanken Turm)

Es gibt all diese Frauen. Welche davon willst du?
Dich.

Danke für den Drink und das Gespräch. Ich hätte gerne mehr
   von beidem.

verstohlene Blicke—Zauber--
Worte nur für dich --

„Mit seinem Ding draußen."
„Mit seinem Ding draußen."

"With cum on his thing."
"And the cum is *soiled*."

"Well," said the little girl in the tree, "some people call me Mother Elderberry; others call me the dryad; but my real name is Memory. I sit in the tree that grows and grows; I can remember everything and therefore
                              I tell
                                    stories"

R's fear that if she analyzes it it will "go away" (the child's fear of thought; the association of thought with death and growth); her "I'm a big girl now"; her fascination with/fear of death--all these suggest that she has reached a transitional point in her life but that she lacks the resources to make the leap.
At her age (34) she is getting rather desperate. Prescription: NO love affairs, women's groups for at least six months--

Had you followed your impulses here you might have arrived at something approaching "understanding." But no, you chose to remain the critic, the judge, the expert. "'What Is'... remains elusive."

You can't name them because the power is too direct. But you can refer to them indirectly.
They are called The Shining Ones -- ones who inhabit any body.

At the
slipping (shopping)

„Mit Saft auf seinem Ding."
„Mit Saft auf seinem Ding."
„Und der Saft ist *verschmutzt*."

„Nun", sagte das kleine Mädchen in dem Baum, „manche Leute nennen mich Mutter Holunder; andere nennen mich die Dryade; aber mein richtiger Name ist Gedächtnis. Ich sitz in dem Baum, der wächst und wächst; ich kann mich an alles erinnern und darum
      erzähl ich
          Geschichten"

Rs Furcht, daß, wenn sie's analysiert, es „verschwindet" (des Kinds Angst vor Gedanken; das Assoziieren von Denken mit Tod und Wachstum); ihr „Ich bin ein großes Mädchen jetzt"; ihr Fasziniertsein von / Todesfurcht – all dies deutet darauf hin, daß sie einen Übergangs-Punkt erreicht hat in ihrem Leben, ihr fehlen aber die Mittel, um den Sprung zu wagen. In ihrem Alter (34) wird sie ziemlich verzweifelt. Rezept: KEINE Liebesaffären, Frauengruppen für mindestens sechs Monate--

Wärst du hier deinen Impulsen gefolgt, wärst du vielleicht zu etwas, das dem „Verstehen" nahekommt, gelangt. Aber nein, du hast dich entschieden, der Kritiker, der Richter, der Experte zu bleiben.

„'Was ist' ... bleibt schwer faßbar."

Man kann sie nicht benennen, weil die Macht zu direkt ist. Aber man kann sich auf sie beziehen, indirekt.

center it is
warm--a warm breeze
(not
enough)
I
close
my
eyes

She looked at me the way any man wants a woman to look
at him. She looked: radiant, beautiful. She was all the women
I had ever desired. She told me she was about to throw up.

your body—endless--time
sweeps everything (wait and
and see) In the field the children "dance." I wish.

My son
        "chases"
                the
                    ball.

Time fixes everything--in the sense of
*af*fixes, immobilizes it--
                        light
covers everything, touches it
deeply
as I
    touch
you
        or would

Sie werden Die Leuchtenden genannt, die jeden Körper
bewohnen.

Im
Ausrutsch- (Einkauf-)
Center ist es
warm -- ne warme Brise
(nicht
genug)
ich
schließ
meine
Augen

Sie sah mich an, auf die Art, wie jeder Mann's möchte, daß
eine Frau ihn ansieht. Sie sah aus: strahlend, wunderschön.
Sie war all die Frauen, die ich je begehrt hatte. Sie hat mir
gesagt, sie war kurz davor, sich zu übergeben.

dein Körper—endlose--Zeit
räumt alles weg (warte und
und sieh) Auf dem Feld die Kinder „tanzen". Ich wünsche.

Mein Sohn
   "jagt"
            den
               Ball.

Die Zeit fixiert alles--im Sinn von
befestigt, immobilisiert es--
                      Licht

touch
you

(eyes--Isis!--) It was the good crossing guard, Mary Foley.
She stood in the path of a runaway car and pushed seven child-
ren to safety. My first thought was that a child had been hit,
said Sister Charlotte Ann, but no, it was Mary. We heard bra-
kes screech and children scream. The kindly granny had help-
ed youngsters survive the busy intersection near St. Mary's
Grammar School in Melrose, Mass., for 10 years before her
final act of love ended in tragedy. The outstanding thing
about Mary was her giving character, said the Rev. John
Finn, pastor of St. Mary's. There was not one selfish thing
about her. She *gave her life to the children.*

How does love
linger in us--how does it
"speak"--how does it
"rise"
again
what is the source of this
"connection"?

A strong ascetic element was present in Irish monasticism
from the beginning, based on that of some of the early fathers
who lived far from civilization in the desert; so that in remote
and practically inaccessible places we find not only provisions
for solitary hermits, but also small monasteries with two or
three cells that might better be called "communal hermitages."

And so, just as from the Fancy's image, taken from the body,

- 84 -

bedeckt alles, berührt es
tief
während ich
   dich
berühr
  oder würd
dich
berühren

(eyes--Isis!--) Sie war die gute Hilfe beim Überqueren der Straße, Mary Foley. Sie stand im Weg eines außer Kontrolle geratenen Autos und stieß sieben Kinder in Sicherheit. Mein erster Gedanke war, daß ein Kind getroffen war, sagte Schwester Charlotte Ann, aber nein, es war Mary. Wir hörten Bremsen quietschen und Kinder schreien. Die freundliche Großmutter hatte 10 Jahre lang jungen Menschen geholfen, die belebte Kreuzung in der Nähe der St. Marys Grammar School in Melrose, Mass., zu überleben, bevor ihr letzter Liebesakt mit einer Tragödie endete. Das Herausragende an Mary war ihr gebender Charakter, sagte Reverend John Finn, Pfarrer von St. Marys. Sie hatte nichts Egoistisches an sich.

Wie verweilt Liebe
in uns--wie
spricht sie--wie
„blüht" sie
wieder auf--
was ist die Quelle dieser
„Verbindung"?

Ein starkes asketisches Element war im irischen Mönchtum

there arises in the appetite of sense a love inclin-
ed toward the senses, so from the intellect's
universal species or Reason, which is entirely
remote from the body, there arises in the Will
Another   Sort   of   Love

Stunned
in this
       wretchedness
          of silence--

im-pression *ex*-pression *de*-pression pressure
what is it, love? speech!--

--it is therefore supposed
             --the lion continues
--destruction of structures
             --means eye and foundation
--jeered at as men
          ---superficial appearances
--are transmutations
          --on this account
--to the path of Gimel
          --subconscious level
--was patroness,
        a curve, which could,

the history of Poetry
       is a History
          of Loss

von Anfang an vorhanden, gegründet in dem einiger früher Patres, die weit entfernt von der Zivilisation in der Wüste lebten, sodaß man an abgelegenen und praktisch unzugänglichen Orten nicht nur Vorräte für einsame Eremiten findet, sondern auch kleine Klöster mit zwei oder drei Zellen, die man eher „gemeinschaftliche Einsiedeleien" nennen könnt.

Und so entsteht, gerad so, wie aus der Phantasie Bild, das dem Körper entnommen wird, in dem Appetit der Sinne eine den Sinnen zugeneigte Liebe aufsteigt, ganz ebenso aus des Intellekts universeller Art oder Vernunft, die gänzlich dem Körper fern ist, im Willen eine andere Art von Liebe

Betäubt
            in diesem
                        Elend
                                    der Stille

Im-pression *Ex*-pression *De*-pression Pression--
Was ist das, Liebe? Sprechen!--

--man nimmt daher an
                                    --fährt der Löwe fort
--Zerstörung von Strukturen
                                    --meint Auge und Fundament
--verspottet da Menschen
                                    --oberflächliche Erscheinungen
--Transmutationen sind
                                    --in dieser Hinsicht
--auf dem Weg von Gimel

It is necessary
                to put fresh flowers
                                on her grave Thin, beautiful
body. Her father photographs, loving, but there is an edge to
his voice, a sharpness. *Rita, listen.* Not for long now.

The abstracting by which she is able to make her points is
also true of the magazine as a whole. What McLuhan calls a
galaxy or constellation of events is absent from her work.
Despite the attempt at variety among the articles. Love = pow-
er = "imagination"

The gods of the North have suffered two eclipses – first by
the advent of Christianity, which destroyed their shrines and
condemned their stories, and then by the Classical Renaissance,
which as early as the 12th century gave Europe a repertoire of
Greek and Roman myths which almost completely annihilated
the Germanic--

--seeing at once too many people and too few--having the wrong
relationship
to people--

What I call the "auditory imagination" is the feeling for syl-
lable and rhythm, penetrating far below the conscious levels
of thought and feeling, invigorating every word; sinking to
the most primitive and forgotten, returning to the origin and
bringing something back,
                seeking
                        the beginning
                                and
                                        the end—

                    --unbewußte Ebene
--war die Patronin,
                eine Kurve, die konnte,

die Geschichte der Poesie
                ist eine Geschichte
                        von Verlust

Es ist notwendig
        frische Blumen zu setzen
                auf ihrem Grab –
                        dünner, schöner Körper. Ihr
Vater fotografiert, liebevoll, aber in seiner Stimme ist etwas
Hartes, eine Schärfe. *Rita*, *hör'*. Nicht mehr lang jetzt.

Das Abstrahieren, mit dem sie ihre Argumente hervorbringen
kann, gilt auch für die Zeitschrift als Ganzes. Was McLuhan
eine Galaxie oder Konstellation von Ereignissen nennt, ist
abwesend in ihrer Arbeit. Trotz des Versuchs von Vielfalt in
den Artikeln. Liebe = Macht = „Imagination"

Die Götter des Nordens haben zwei Sonnenfinsternisse erlit-
ten – zuerst durch das Aufkommen des Christentums, das
ihre Schreine zerstörte und ihre Geschichten verdammte, und
dann durch die klassische Renaissance, die bereits im 12. Jahr-
hundert Europa ein Repertoire an griechischen und römischen
Mythen gab, das fast vollständig das germanische vernichtete-

--sehn zugleich zu viele Menschen & zu wenige - haben die falsche
Beziehung
zu Menschen--

eyes--
    elusive--
        distanced   *polytropon*   voyager

(that man
    that came out
        of the sea)

"I don't know what to do. My editor hated the book. She cut out all of the history, all of the anthropology, and left me with just a few insights and a bunch of sex stories."
"I know what to do! *Cut the insights.*"

Sam Spade looked up as Bridget O'Shaughnessy popped another pill. "You don't know what the fuck you're talking about."

I am the wind on the sea
I am a wave of the ocean
I am the roar of the sea

FIERY--
    BURNING--
        RED-HEADED--
            WOMAN--

Was ich die „auditive Imagination" nenne, ist das Gefühl für Silbe und Rhythmus, das tief unter die bewußten Ebenen des Denkens und Fühlens eindringt, es belebt jedes Wort; sinkt zum Primitivsten und Vergessensten, kehrt zurück zum Ursprung und bringt etwas zurück,

sucht

den Anfang

und

das Ende.

Augen--
  schwer faßbar--
     ferner-- *Polytropon*— Reisender--

(dieser Mann
   der kam
     aus dem Meer)

„Ich weiß nicht, was ich tun soll. Meine Lektorin haßte das Buch. Sie schnitt alle Geschichte heraus, die ganze Anthropologie, und beließ mir bloß ein paar Einsichten und eine Menge Sexgeschichten."
„Ich weiß, was zu tun ist! *Die Einsichten rausschneiden.*"

Sam Spade blickte auf, als Bridget O'Shaughnessy noch eine Pille schluckte. „Du weißt nicht, wovon zum Teufel du redest."

Ich bin der Wind auf dem Meer
Ich bin eine Welle des Ozeans
Ich bin das Rauschen des Meeres

NOTES TO BRIDGET, PRONOUNCED "BREED"

In its themes and techniques my poem Bridget, Pronounced
Breed raises a number of questions. The poem continually
shifts not only from one speaker but, in the manner of open
form, from one context to another though it always maintains
some sort of connection to its title figure, Bridget, the ancient
Irish goddess of fire, poetry, fertility, household arts,
smithcraft, etc. Christianized, Bridget became one of the
patron (in this case, matron) saints of Ireland, and my poem
is an invocation, an attempt to make her happen. The poem's
sexual themes are in keeping not only with Bridget's status as
fire goddess but with my belief that such huge mythic figures
are created out of desire –desire which ultimately removes
itself from the realm of any particular man or woman and
deliberately enters into the realm of mythology (It was like
walking with the sun). There is much involved in such a
subject—imagination, modes of love, etc.—and the figure of
Bridget herself thrusts us back into the rich oral past of Irish
folklore. To mythologize, as I do in this poem, is also to take
some sort of public stance rather than merely asserting one's
own subjectivity, and that too is an issue of Bridget. There is,
it seems to me, a persistently public aspect to human
consciousness which does not disappear even in the most
inward of states: one is always in the world. This is reflected
in my poem in the many quotations it contains – quotations
which come to me from more or less public sources and
which, in the manner of T.S. Eliot's *The Waste Land*, are
collaged into the poem's fabric. Finally, the poem is meant to
be *spoken*. As the great English poet, Gerard Manley

FEURIGE--
BRENNENDE--
ROTHAARIGE--
FRAU--

ANMERKUNGEN ZU BRIDGET, AUSGESPROCHEN „BRIED" (engl.:breed: dt.: Gattung; sich vermehren; gebären) usw.)

In seinen Themen und Techniken wirft mein Gedicht „Bridget, Pronouned Breed" eine Reihe von Fragen auf. Das Gedicht wechselt ständig nicht nur von einem Sprecher, sondern in offener Form von einem Kontext, zu einem anderen, obwohl es immer eine Art Verbindung zu seiner Titelfigur, Bridget, der alten irischen Göttin des Feuers, der Poesie, der Fruchtbarkeit, der Haushaltskünste, des Schmiedehandwerks usw. aufrechterhält. Christianisiert, wurde Bridget einer der Schutzpatrone (in diesem Fall, eine Matrone) von Irland, und mein Gedicht ist eine Anrufung, ein Versuch, sie geschehen zu lassen. Des Gedichts sexuelle Themen stehen nicht nur im Einklang mit Bridgets Status als Feuergöttin, sondern auch mit meiner Überzeugung, daß solche riesigen mythischen Figuren aus dem *désir* oder Wunsch heraus geschaffen werden, ein Wunsch, der sich letztendlich entfernt aus dem Bereich irgendeines bestimmten Mannes oder einer bestimmten Frau und der absichtlich in den Bereich der Mythologie eindringt (Es war wie ein mit der Sonne Gehen). Es ist viel involviert bei einem solchen Thema, solcher Imagination, solchen Weisen, zu lieben usw.,

Hopkins, writing of his poem, "Spelt From Sibyl's Leaves,"
put it,

Of this long sonnet above all remember what applies to all my
verse, that it is, as living art should be, made for performance
and that its performance is not reading with the eye but loud,
leisurely, poetical (not rhetorical) recitation, with long rests,
long dwells on the rhyme and other marked syllables, and so
on. This sonnet shd. be almost sung: it is most carefully timed
in tempo rubato.

SOURCE OF QUOTATIONS: George Kühlewind, *Stages of
Consciousness*; Bruno Bettelheim, *The Uses of Enchantment*;
Kenneth Bakers review of Richard Chase's work in *The San
Francisco Chronicle*, 9/6/85. Mark Twain on credit was
quoted in *The Chronicle* 9/13/85; the lotus bearer is
Avalokitesvara -- see the *Britannica*; H.C. Andersen, "Mother
Elderberry" in *Complete Fairy Tales,* trans. Erik Christian
Haugaard. The story about Mary Foley (as far as I know, no
relation to me) is from *Weekly World News* 10/8/85; *The
Northern World,* ed. David M. Wilson; Marsilio Ficino,
Commentary on Plato's Symposium on Love, trans. Sears
Jayne; Paul Foster Case, *The Tarot*; Marshall McLuhan, *The
Gutenberg Galaxy*; T.S. Eliot, "The Use of Poetry and the Use
of Criticism" as quoted in McLuhan: *Hot & Cool*, ed. Gerald
Emanuel Stearn; Marie-Louise Sjoestedt, *Gods and Heroes of
the Celts. Polytropon* is the word Homer uses to refer to
Odysseus at the beginning of *The Odyssey*. Odysseus has a
mind of *many turns*. I was thinking specifically of the

und die Figur von Bridget selbst wirft uns zurück in die reiche mündliche Vergangenheit der irischen Folklore. Zu mythologisieren, wie ich es tue in diesem Gedicht, bedeutet auch, eine Art öffentliche Haltung einzunehmen, anstatt nur die eigene Subjektivität zur Geltung zu bringen, und auch darum geht es bei Bridget. Es gibt, wie mir scheint, einen anhaltend öffentlichen Aspekt im menschlichen Bewußtsein, der auch in den innerlichsten Zuständen nicht schwindet: man ist immer in der Welt. Dies spiegelt sich in meinem Gedicht in den vielen Zitaten wider, die es enthält, Zitaten, die zu mir aus mehr oder weniger öffentlichen Quellen kommen und die in der Art von T.S. Eliots *The Waste Land*, in das Gewebe des Gedichts collagiert sind. Letztendlich soll das Gedicht gesprochen werden. Wie der große englische Dichter Gerard Manley Hopkins in seinem Gedicht *Spelled From Sibyl's Leaves* es ausdrückte:

Bei diesem langen Sonett erinnern Sie sich vor allem an das, was für alle meine Verse gilt, daß es, so wie lebendige Kunst es sein sollte, für die ‚performance‘ gemacht ist und daß seine ‚performance‘ nicht das Lesen mit dem Auge ist, sondern das laute, gemächliche, poetische (nicht rhetorische) Rezitieren, mit langen Ruhepausen, langem Verweilen beim Reim und anderen hervorgehobenen Silben, und so weiter. Dieses Sonett sollte fast gesungen werden: es ist auf sorgfältigste getaktet im tempo rubato.

ZITATQUELLEN: Georg Kühlewind, *Stages of Consciousness*; Bruno Bettelheim, *The Uses of Enchantment*; Kenneth Bakers Besprechung von Richard Chases' Werk in *The San Francisco Chronicle*, 9/6/85. Mark Twain über Kredit

Nausicaa episode and of the many invaders of Ireland. I discovered recently that I had unwittingly stolen the title of my poem from Robert Kelly's "Shillelagh Law," which I had read as part of a course given by the Before Columbus Foundation:

to speak or to receive,
to drink
'Never trust an irishman who doesn't'
I used to say
but trust her
that Brigid (pron. breed)

winter flower of western woman

wurde zitiert in *The Chronicle* 9/13/85; der Lotus Träger ist Avalokitesvara, siehe die *Britannica*; H.C. Andersen, "Mother Elderberry" (Hylde mor), in *Complete Fairy Tales,* übersetzt von Erik Christian Haugaard. Die Geschichte über Mary Foley (so weit ich weiß, nicht mit mir verwandt) ist aus *Weekly World News* 10/8/85; *The Northern World,* ed. David M. Wilson; Marsilio Ficino, *Commentary on Plato's Symposium on Love*, übersetzt von Sears Jayne; Paul Foster Case, *The Tarot*; Marshall McLuhan, *The Gutenberg Galaxy*; T.S. Eliot, "The Use of Poetry and the Use of Criticism", wie zitiert bei McLuhan, in: *Hot & Cool*, hrsg. von Gerald Emanuel Stearn; Marie-Louise Sjoestedt, *Gods and Heroes of the Celts. Polytropon* ist das Wort, das Homer verwendet, um sich auf Odysseus zu beziehen, am Anfang der Odyssee. Odysseus' Geist kennt *viele Wendungen*. Ich dachte speziell an die Nausikaa-Episode und an die vielen Invasoren Irlands. Kürzlich entdeckte ich, daß ich den Titel meines Gedichts unwissentlich Robert Kellys „Shillelagh Law" entwendet habe, das ich im Rahmen eines von der Before Columbus Foundation angebotenen Kurses gelesen hatte:

zu sprechen oder zu empfangen,
zu trinken
‚Traue niemals einem Iren, der's nicht tut'
hab ich immer gesagt
aber vertrau ihr
jener Brigid (bried ausgesprochen)

Winterblume der westlichen Frau

FOR MICHAEL McCLURE'S BIRTHDAY
FIVE YEARS AGO AND TODAY

If Michael McClure
    WHIRLED IN WORLD TILL THE
        [SPINNING ENDS
At 85
    SPANNING CENTURIES
Can publish another
    MOST REVERENT OF POETS
Brilliant book
    WORDS SLIP THE CRACKS OF TIME
There is hope
    AS WE STAMMER AND HOPE
For us all
    AS WE LOVE AND ENVY

If Michael McClure
    WHAT'S NEW AT THE PRESCRIPTION
        [COUNTER?
At 85
    WHAT NEEDLE PENETRATES?
Can give readings
    WHO WILL REMEMBER
And laugh
    US OR ANYONE WE KNEW
And say to the Universe,
    AS FATE'S DOOR
"I'm still here"
    CLOSES?
There is hope

ZUM GEBURTSTAG VON MICHAEL
McCLURE VOR FÜNF JAHREN UND HEUTE

Wenn Michael McClure
    WIRBELTE IN DER WELT, BIS DAS
            [KREISEN ENDET
Mit 85
    JAHRHUNDERTE LANG
ein anderes Buch, ein brilliantes
    EHRFÜRCHTIGSTER DER DICHTER
publizieren kann
    WORTE RUTSCHEN DURCH SPALTEN
            [DER ZEIT
gibt's Hoffnung
    WÄHREND WIR STAMMELN UND
            [HOFFEN
Für alle von uns
    WÄHREND WIR LIEBEN UND NEIDEN

Wenn Michael McClure
    WAS GIBT'S NEUES AM
            [REZEPTSCHALTER?
Mit 85
    WELCHE NADEL DRINGT DURCH?
Lesungen geben kann
    WER WIRD SICH ERINNERN
Und lachen
    WIR ODER WER   IRGENDWER, DEN
            [WIR KANNTEN
Und sagen zum Universum,
    WÄHREND DES SCHICKSALS TÜR

    BOOKS, BOOKS,
For us all
    THE FANTASY OF PAPER

If Michael McClure
    "DIGITAL" NOW—
Can shine
    IN THE DARK HALLWAY
Like the STAR he is
    WE WANDER
At 85
    FLASHLIGHTS IN HAND
Then we know
    DREAMING OF THE RICKETY
                [ROLLER COASTER
That Time is an illusion
    IN THE ANCIENT, DELETERIOUS
That years are nothing but dust
    AMUSEMENT PARK,
They fall away from the mind
    "HISTORICAL IMPERMANENCE."
The moment that thought
    COME, WINGS!
Appears.

"Ich bin noch da"
    SICH SCHLIESST?
gibt's Hoffnung
    BÜCHER, BÜCHER,
Für uns alle
    DIE FANTASIE DES PAPIERS

Wenn Michael McClure
    JETZT „DIGITAL"—
glänzen kann
    IM DUNKLEN FLUR
Wie der STERN der er ist
    WANDERN WIR
Mit 85
    TASCHENLAMPEN IN DER HAND
Dann wissen wir es
    TRÄUMEND VON DER KLAPPRIGEN
                [ACHTERBAHN
Daß Zeit eine Illusion ist
    IN DEM ALTEN, GIFTIGEN
Daß Jahre nichts als Staub sind
    FREIZEITPARK,
Sie fallen aus dem Sinn
    „HISTORISCHE UNBESTÄNDIGKEIT."
Im Moment, wo das Denken
    KOMMT, FLÜGEL!
erscheint.

WHITMAN'S "OUT OF THE CRADLE ENDLESSLY ROCKING" (EXPOESIS)

I don't think there is another *poem*
More unique
And, simultaneously,
More representative of
What we may call the American spirit
Than this amazing
Presentation of the making of a poet
Of the transformation of anyone
From childhood to a condition of knowledge
How do we enter the world in a deep way
It is an aria, a performance
Something Whitman saw in the opera houses,
It is a multi-voiced, multi-selved poem in which
All sorts of styles and "voices" are brought together
(Including the hissing voice of the old crone, the
    sea, and the voice of the bird, "my dusky demon
    and brother," "the lone singer wonderful")
It is a poem about family (the he-bird, the she-bird)
It is a poem about the stunning fact of Death the
    Opener
And the great representation of the sea (Melville)
(The sea is the openness of consciousness)
It is a nature poem
In which the "outsetting bard" merges with what
    he sees
It includes Quakers ("Ninth-month midnight")
And Native Americans ("Paumanok")

WHITMANS „OUT OF THE CRADLE ENDLESSLY ROCKING" (EXPOESIS)

Ich glaub nicht, es gibt kein anderes *Gedicht*
das einzigartiger
und zugleich
repräsentativer
für das ist, was wir den amerikanischen Geist nennen können
als diese erstaunliche
Darstellung der Entstehung eines Dichters
der Verwandlung von irgendeinem
von der Kindheit bis zum Zustand des Wissens
Wie treten wir ein in die Welt, auf tiefe Weise?
Es ist eine Arie, eine Aufführung
Etwas, das Whitman sah in den Opernhäusern,
Es ist ein vielstimmiges, vielselbstiges Gedicht, in dem
alle Arten Stile und „Stimmen" zusammenkommen
(einschließlich der zischenden Stimme des alten Weibs, des
    Meeres, und der Stimme des Vogels, „mein dunkler
    Dämon und Bruder", „der einsame Sänger wunderbar")
Es ist ein Gedicht über Familie (der Er-Vogel, der Sie-Vogel)
Es ist ein Gedicht über die verstörende Tatsache des Todes
    als Öffner
Und die große Darstellung des Meeres (Melville)
(Das Meer ist die Offenheit des Bewußtseins)
Es ist ein Naturgedicht
in dem der „aufbrechende Barde" verschmilzt mit dem, was
    er sieht
Es enthält Quäker („des Neunten-Monats-Mitternacht")
Und Indianer ("Paumanok")

It is Whitman giving himself over to the sheer
    possibilities of music
As world becomes word ("translating")
It is an act of marvelous empathy and compassion
    in the literal sense, "feeling with"
It is a poem about the body and its transformation
Even as Whitman speaks of the soul
It is a poem in which the lorn bird and the
    transforming boy
Move us to what Wallace Stevens called
A new representation of reality.
This, camerados, is the great mythic moment of
    American letters
And it takes place not at a desk but outside,
Not as writing but as brilliant spontaneous
    unexpected utterance.
It ushers in (under the magical multivalent moon,
in the presence of the vast, talkative
                sea)
Nothing less than the world as song.

Es ist Whitman, der sich den schieren Möglichkeiten der
    Musik hingibt
während Welt zum Wort wird („übersetzend")
Es ist ein Akt großartiger Empathie und des Mitleids im
    wörtlichen Sinne, von „mit-fühlen"
Es ist ein Gedicht über den Körper und seine Wandlung
selbst wenn Whitman von der Seele spricht
Es ist ein Gedicht, in dem der einsame Vogel und der sich
    wandelnde Junge
uns führen zu dem, was Wallace Stevens eine
neue Darstellung der Wirklichkeit nannte.
Dies, Camerados, ist der große mythische Moment der
    amerikanischen Literatur
Und er findet nicht am Schreibtisch statt, sondern draußen,
Nicht als Schrift, sondern als brillante spontane
    unerwartete Äußerung.
Er läutet (unter dem magischen multivalenten Mond,
in der Gegenwart des riesigen, gesprächigen
        Meers)
Nichts weniger ein als die Welt als Lied.

THE AGE OF JACK FOLEY

By Christopher Bernard

This speech was given at the Jack Foley Award Ceremony that took place on April 1, 2022, at the Unitarian Universalist Church of Berkeley, where Jack Foley was given a silver medal as part of the K.M. Anthru Literature Prize from the online and print magazine LITTERATEUR RW, based in Kerala, India.

"… the creator of the new composition in the arts is an outlaw until he is a classic…" – Gertrude Stein, "Composition as Explanation"

When I heard that Jack Foley – poet, performer, critic, essayist, writer of fiction, playwright, radio personality, and a seminal historian of modern California poetry, whose mammoth Visions & Affiliations, A California Literary Time Line— Poets & Poetry 1940 –2005, should have been enough, even without his decades of brilliantly innovative literary work, to put Jack's name permanently on the literary map – when I heard that Jack had won an international literary award in a country on the other side of the globe, my first thought was "Well, it's about time!" And my second thought was the biblical reminder: "A prophet is not without honor, except in his own country."

Over the last several decades, there has been an increasing consolidation of English-language publishers into an ever-shrinking number of conglomerates. As a result, many of what I believe to be the most vital currents in modern Anglophone literature, and especially poetry, are being pursued by independent publications such as Litterateur RW in India and independent publishers like our own Regent Press in Berkeley. It's often said that a mainstream publisher's idea of originality is anything like last year's best sellers. Even literary editors are prone to tremble before the dictatorship of the marketplace and whatever political or cultural prejudices command the headlines this week. Our piety for innovators is strong, as long as they lived at least three generations ago and are no longer in any danger of rocking the boat today – even when the boat is in danger of sinking and rocking it may be the only sure way of saving it.

And so I think it is safe to say that when, fifty or a hundred years from now, assuming we're still around, when they look back at the turn of the millennium and the poetry of the Bay Area, of

California, of this paradoxical country called America, land where hope and despair are forever in mortal conflict, the literary establishment will be strongly tempted to call this an Age, not of the Folly in which we are clearly, even tragically, immersed, but of Foley and above all of Jack Foley.

During a time when far too many writers have become risk-averse followers of trends, half afraid of their own shadows, the morals clause in their book contract, and the trolls of social media, willing to do just about anything to get a review in the New York Times or a post in Goodreads (and usually failing in the attempt), Jack has followed the only rule that, in my own dubiously humble opinion, matters to a poet worth his, her, or their, salt: the rule of intelligence, integrity, fearlessness and imagination.

Jack seems to have taken to heart Ezra Pound's command – "Make it new!" adding to it that other demand, from Sergei Diaghilev, "Etonnez-moi!" – Astonish me! Because Jack continues to make it new and to astonish us with every work he gives us.

Jack's writing has always been that of a strenuously active intellectual, which puts him immediately at a disadvantage in this country. America must be the only nation where the prejudice against intellectuality is so great that even many of its writers run from the aspersion as from a pulper of remaindered books.

But Jack's is a passionate intellectuality, and his work is the expression of a person as deeply humane as he is deeply aware. He is a poet in the ecstatic tradition of Whitman as refracted through the lenses of Pound and Charles Olson and varieties of literary poststructuralism, with bits of vaudeville, Cole Porter, George Gershwin, and tap dancing thrown in, all of this mixed and blended in a mind, unique but all-inviting, individual yet multitudinous, a spirit deep as the day and as broad as history.

Jack's poetic explorations come out of the generativity of language, which is, to all practical purposes, and conceivably even theoretical ones, infinite. He has taken many of the prejudices and rules of "writing," the sorts of thing that make writing classes and writers groups a torment to the spirit ("write what you know, show don't tell, find your personal voice" and the like) and turned them on their heads. As Jack has often explained, he writes not from the center of personality in its more limited manifestations, but from the center of language, which is the archetype of the open system, a generator of meanings that, within all the possible frameworks of grammatical rules and systems of phoneme, morpheme, orthography, and the like, is essentially without limits. Infinity is thus immediately available to us (as available as it can be to an ultimately finite creature) through language, as it is through mathematics, music and the other arts, and the night sky above us. Language is one of the entrances available to all of us to the infinity at the heart of being, an infinity that is either terrifying or ecstatic, depending on how well you slept the night before.

At the center of language we also find the great ostensible value of American culture, though it is a value often paid more lip service than real service to. And that value is freedom, in its spiritual sense above all: the absolute freedom of the mind to fashion its own meaning and meanings out of itself, to fashion its world, to crumble the given, like a dandelion head, into seeds, into fertile and life-giving fragments, annealing and reannealing them, over and over, ever and again, into the shapes of the spirit's – my, your, our – ever-changing hopes and desires and dreams. Jack's work takes place in the greater theater of meaning that is language: an open-ended circus, an epic that has no conclusion, an endless conversation between an infinite number of speakers. In Jack's work there are only pauses; there is no closure.

There are few ideas headier than these, at least for myself – indeed, this may be why, I believe, Jack makes the literary and academic establishment uneasy. They laugh at him, nervously. His few supporters in the literary establishment are sometimes ridiculed for taking him seriously: "He's avant-garde, experimental, modernist, postmodernist – an extremist, an outlier, not mainstream, an eccentric, a t(Errorist?)!" All that crazy modern/postmodern stuff was supposed to have died with Derrida, after September 11, Afghanistan, Iraq, ISIS, after Trump, COVID, January 6, wildfires, omicron, Ukraine. We have gone back, perhaps understandably, to comfort food. We have wanted fairytales, modest entertaining little poems, unpretentious, to keep us bottle-fed and asleep. We haven't wanted our writers to wake us too suddenly as we sleepwalk toward the nightmarish future of the 21st century. We might have to change something. We might have to change everything. We haven't wanted to hear, in English or German, du mußt dein Leben ändern. You must change your life.

One had thought such feeble spirits had gone into hiding long ago – we were beyond such schoolmasterish types of a past century. But apparently not – the follies of that time are enjoying a comeback. The 20th century may have to be fought all over again – from socialism to modernism, from labor unions to the freedom of the heartsoulspiritmind, from revolt to rebellion, pandemic to world war, from revolution to liberation.

For those of us who believe that poetry is one of the royal roads to the only reality humankind can bear, like a weary Atlas of the infinite, and that, to quote from my own poem "Señor Despair and the Angel," "The ultimately beautiful is the ultimately real" – an idea Jack himself disagrees with, though (given what André Breton said: that "beauty will be convulsive or not be at all") I would submit that Jack's own work contradicts him – indeed, Jack's work is a reminder of all that is at stake.

Christopher Bernard's latest collection of poems, A Socialist's Garden of Verses, won a 2021 PEN Oakland Josephine Miles Literary Award and was named one of Kirkus Reviews' "Top 100 Indie Books of 2021."

DAS ZEITALTER JACK FOLEYS

Von Christopher Bernhard

Diese Rede wurde anläßlich der Jack Foley Award Ceremony gehalten, die am 1. April 2022 in der Unitarian Universalist Church of Berkeley stattfand, als Jack Foley die Silbermedaille des K.M. Anthru-Literaturpreises des Online- und Printmagazins LITTERATEUR RW (Kerala, Indien) erhielt.

„… der Schöpfer der neuen Komposition in der Kunst ist ein Ausgestoßener, bis er ein Klassiker ist …"

– Gertrude Stein, „Composition as Explanation"

Als ich hörte, daß Jack Foley – Dichter, Performer, Kritiker, Essayist, Romanautor, Dramatiker, Radiomoderator und wegweisender Historiker der modernen kalifornischen Poesie, dessen riesiges Werk Visions & Affiliations, A California Literary Time Line – Poets & Poetry 1940 – 2005 hätte ausreichen müssen, auch ohne seine jahrzehntelange brillant innovative literarische Arbeit, um Jacks Namen dauerhaft auf die literarische Landkarte zu setzen – als ich hörte, daß Jack einen internationalen Literaturpreis in einem Land auf der anderen Seite der Welt gewonnen hat, war mein erster Gedanke: „Wirklich, es wurde Zeit...!" Und mein zweiter Gedanke war die biblische Mahnung: „Ein Prophet gilt nichts im eigenen Land."

In den letzten Jahrzehnten kam es zu einer zunehmenden Konzentration englischsprachiger Verlage mit dem Ergebnis einer immer kleiner werdenden Zahl von Konzernen. Infolgedessen werden viele der meiner Meinung nach wichtigsten Strömungen in der modernen anglophonen Literatur und insbesondere in der Poesie vor allem von unabhängigen Publikationen wie dem Literateur RW in Indien und unabhängigen Verlagen wie unserer Regent Press in Berkeley beachtet. Es heißt oft, daß die Vorstellung eines Mainstream-Verlegers von Originalität auf irgend so etwas wie den Bestseller des letzten Jahres hinausläuft. Selbst Literaturredakteure zittern vor der Diktatur des Marktes und den politischen oder kulturellen Vorurteilen, welche die Schlagzeilen dieser Woche bestimmen. Unsere Verehrung für Innovatoren ist groß, solange sie vor mindestens drei Generationen gelebt haben und heute nicht mehr drohen, das Boot zum Schaukeln zu bringen – selbst wenn das Boot zu sinken droht und es zum

Schaukeln zu bringen die einzige sichere Rettung sein kann.

Und so denke ich, man kann mit Sicherheit sagen, daß das literarische Establishment, wenn es in fünfzig oder hundert Jahren, vorausgesetzt, wir sind dann noch da, auf die Jahrtausendwende und die Poesie der Bay Area Kaliforniens und auf das paradoxe Land namens Amerika und damit auf ein Land, in dem Hoffnung und Verzweiflung immer in tödlichem Konflikt stehen, zurückblickt, versucht sein wird, dies ein Zeitalter nicht der „folly", also des Wahnsinns zu nennen, in den wir eindeutig, sogar tragischerweise, eingetaucht sind, sondern das Foleys und vor allem Jack Foleys.

In einer Zeit, in der viel zu viele Autoren zu risikoscheuen Folgern von Trends geworden sind, voll Angst vor ihrem eigenen Schatten, vor der Moralklausel in ihrem Buchvertrag und den Trollen der sozialen Medien, und nur zu bereit, fast alles zu tun, um rezensiert zu werden in der New York Times oder um eine Erwähnung in Goodreads zu finden (und wie oft scheitern sie bei dem Versuch!), hat Jack die einzige Regel befolgt, die meiner eigenen wenig zählenden Meinung nach für einen Dichter von Bedeutung ist, der sein Salz wert ist, nämlich die Regel, sich leiten zu lassen von der eigenen Intelligenz, Integrität,

Furchtlosigkeit und Vorstellungskraft.

Jack scheint sich Ezra Pounds Forderung „Make it new!, „Mach es neu!" zu Herzen genommen zu haben. Hinzu kommt die andere Forderung von Sergei Diaghilev: „Etonnez-moi!" – Überrasche mich! Das stimmt, weil Jack es immer wieder neu macht und uns mit jeder Arbeit, die er uns gibt, in Erstaunen versetzt.

Jacks Schreiben war schon immer das eines unermüdlich tätigen Intellektuellen, was ihn hierzulande sofort benachteiligt. Amerika dürfte die einzige Nation sein, in der das Vorurteil gegen die Intellektualität so groß ist, daß sogar viele seiner Schriftsteller vor der Verleumdung, intellektuell zu sein, davonrennen wie vor einem Zerstampfer von Remittenden.

Aber Jack ist von leidenschaftlicher Intellektualität, und seine Arbeit ist der Ausdruck einer Person, die zugleich zutiefst human wie auch zutiefst bewußt ist. Er ist ein Dichter in der ekstatischen Tradition von Whitman, reflektiert durch die Linsen von Pound und Charles Olson und Variationen des literarischen Poststrukturalismus, mit Stücken von Vaudeville, Cole Porter, George Gershwin und Stepptanz, und all dies vermengt und vermischt in einem Geist, der einzigartig, aber völlig offen, individuell und doch vielfältig ist, ein Geist, tief wie der Tag und so umfassend wie die Geschichte.

Jacks poetische Erkundungen entspringen der Generativität der Sprache, die für alle praktischen und möglicherweise sogar theoretischen Zwecke unendlich ist. Er hat viele der Vorurteile und Regeln des „Schreibens", die Creative Writing Kurse und Schreibgruppen zu einer Qual für den Geist machen („Schreib, was du weißt, zeig es statt's zu erzählen, find deine persönliche Stimme" und so weiter) aufgegriffen und auf den Kopf gestellt. Wie Jack oft erklärt hat, schreibt er nicht aus dem Zentrum der Persönlichkeit in ihren begrenzteren Manifestationen, sondern aus dem Zentrum der Sprache, das der Archetyp des offenen Systems ist, ein Bedeutungsgenerator, der innerhalb aller möglichen Rahmen grammatikalischer Regeln und Systeme von Phonem, Morphem, Orthographie und dergleichen im Wesentlichen unbegrenzt ist. Die Unendlichkeit steht uns also unmittelbar zur Verfügung (soweit sie für ein letztendlich endliches Geschöpf verfügbar sein kann) durch die Sprache, ebenso wie durch Mathematik, Musik und die anderen Künste und den Nachthimmel über uns. Die Sprache ist einer der Eingänge, die uns allen zur

Unendlichkeit im Herzen des Seins zur Verfügung stehen, einer Unendlichkeit, die entweder erschreckend oder ekstatisch ist, je nachdem, wie gut man in der Nacht zuvor geschlafen hat.

Im Zentrum der Sprache steht auch der angeblich große Wert der amerikanischen Kultur, obwohl es sich oft um einen Wert handelt, der eher ein Lippenbekenntnis als ein echter Beitrag ist. Und dieser Wert ist Freiheit, vor allem in seinem spirituellen Sinne: die absolute Freiheit des Geistes, seine eigene Bedeutung und Bedeutungen aus sich selbst heraus zu gestalten, seine Welt zu gestalten, das Gegebene wie eine Pusteblumen-Rosette in Samen zu zerbröseln, in fruchtbare und lebensspendende Fragmente, um es so zu verwandeln, wieder und immer wieder, in die Formen der ständig sich verändernden Hoffnungen und Wünsche und Träume deines, meines, oder unseren Geistes. Jacks Arbeit spielt sich im großen Bedeutungstheater der Sprache ab: ein Zirkus ohne Ende, ein Epos ohne Ende, ein endloses Gespräch zwischen unendlich vielen Sprechern. In Jacks Arbeit gibt es nur Pausen; es gibt keine Stillstellung, nichts Abschließendes.

Zumindest für mich selbst gibt es wenige Vorstellungen, die berauschender sind als als eben diese. In der Tat könnte dies, so glaube ich, der

Grund sein, warum Jack das literarische und akademische Establishment beunruhigt. Sie lachen ihn nervös aus. Seine wenigen Unterstützer im literarischen Establishment werden manchmal dafür belächelt, daß sie ihn ernst nehmen: „Er ist Avantgarde, Experimentalist, Modernist, Postmodernist – ein Extremist, ein Ausreißer, kein Mainstream, ein Exzentriker, ein T(Errorist?)!" All das verrückte moderne/postmoderne Zeug hätte also mit Derrida sterben sollen, nach dem 11. September, nach Afghanistan, Irak, ISIS, nach Trump, COVID, dem 6. Januar, Waldbränden, Omicron, der Ukraine. Wir sind, vielleicht verständlicherweise, zurückgekehrt zu tröstender Speise. Wir wollten Märchen, bescheidene unterhaltsame kleine Gedichte, unprätentiös, damit man uns mit der Flasche ernährt und einschlafen läßt. Wir wollten nicht, daß unsere Autoren uns zu plötzlich wecken, während wir der albtraumhaften Zukunft des 21. Jahrhunderts schlafwandelnd entgegen gehen. Wir müssen vielleicht etwas ändern. Vielleicht müssen wir alles ändern. Wir wollten es weder auf Englisch noch auf Deutsch hören, dies: du mußt dein Leben ändern. You must change your life.

Man hat geglaubt, solch schwache Geister seien längst abgetaucht – wir wären über solche Schulmeistertypen eines vergangenen Jahrhunderts hinaus. Aber anscheinend nicht – die Torheiten von damals erleben ein Comeback. Das 20. Jahrhundert muß möglicherweise noch einmal neu erkämpft werden – vom Sozialismus zur Moderne, von den Gewerkschaften zur Freiheit von HerzSeeleGeistBewußtsein, von der Revolte zur Rebellion, von der Pandemie zum Weltkrieg, von der Revolution zur Befreiung.

Denjenigen von uns, die glauben, daß die Poesie einer der Königswege zu der einzigen Realität ist, die die Menschheit ertragen kann wie ein müder Atlas des Unendlichen, und daß, um aus meinem eigenen Gedicht „Señor Despair and the Angel" zu zitieren, „das letztendlich Schöne das letztlich Reale ist" – eine Idee, mit der Jack selbst nicht einverstanden ist (angesichts dessen, was André Breton sagte: „Schönheit wird konvulsivisch sein oder überhaupt nicht"), würde ich sagen, daß Jacks eigene Arbeit ihm widerspricht: In der Tat ist Jacks Arbeit eine Erinnerung an alles, was auf dem Spiel steht.

Christopher Bernards neuester Gedichtband *A Socialist's Garden of Verses* gewann 2021 einen PEN Oakland Josephine Miles Literary Award und wurde als eins der von der Kirkus Review ausgewählten „Top 100 Indie Books of 2021" genannt.

ABOUT THE AUTHOR

San Francisco Bay-area poet Jack Foley has published seventeen books of poetry, five books of criticism, a book of stories, and a 1300-page "chronoencyclopedia," *Visions & Affiliations: California Poetry 1940-2005*. With his late wife, Adelle, he became known for his multi-voiced "choruses," a practice he has continued with his new life partner, Sangye Land. He has presented poetry on Berkeley, CA radio station KPFA regularly since 1988 and is currently one of the hosts of KPFA's literary program, "Cover to Cover." He has received two Lifetime Achievement Awards, one from Marquis *Who's Who* and one from the Berkeley Poetry Festival; June 5, 2010 was declared "Jack Foley Day" in Berkeley. In addition, he is the first recipient of the K.M. Anthru International Literary Prize from the Kerala, India magazine, *LITTERATEUR RW*. His most recent books are the companion volumes, *The Light of Evening*, a brief autobiography, and *"A Backward Glance O'er Travel'd Roads,"* a psychobiography dealing with "the growth of a poet's mind," and *Creative Death*, a book of poems. In 2019, poets/scholars Dana Gioia and Peter Whitfield published *Jack Foley's Unmanageable Masterpiece* – a book of essays discussing Foley's *Visions & Affiliations*. Poet Olchar E. Lindsann writes, "Jack Foley's constantly evolving and exploratory writing has been a mainstay of the American avant-garde for many decades, and his detailed histories of California poetic communities demonstrate an engaged poetic historiography." In 1994 Lawrence Ferlinghetti remarked at the conclusion of Jack's radio interview with him, "Jack Foley is doing great things in articulating the poetic consciousness of San Francisco."

"The aliveness that I associated with the intense experience of poetry thrust me into a larger world—a world in which the solidity of "I" disappeared and moved me in various directions. For me it was not LSD or Indian philosophy or any philosophy (though Heidegger had a powerful influence) but a sense of the infinitude of language that

brought me into poetry. I have recently thought of poetry as words constantly in motion, constantly moving beyond themselves. Ecstasy seems to be linked to the instability of language."

—Jack Foley

ÜBER DEN AUTOR

Der Dichter Jack Foley, der im Großraum von San Francisco zuhause ist, hat siebzehn Gedichtbände, fünf Kritikbände, ein Buch mit Geschichten und eine 1300-seitige „Chronoenzyklopädie", betitelt *Visions & Affiliations: California Poetry 1940-2005*, veröffentlicht. Zusammen mit seiner verstorbenen Frau Adelle wurde er durch seine mehrstimmigen „Chöre", dialektisch montierte Poesie für zwei Sprecher, bekannt - eine Praxis, die er mit seiner neuen Lebensgefährtin Sangye Land fortsetzt. Seit 1988 präsentiert er regelmäßig Gedichte beim kalifornischen Radiosender KPFA in Berkeley und ist derzeit einer der Moderatoren des KPFA-Literaturprogramms „Cover to Cover". Er hat zwei Lifetime Achievement Awards erhalten, einen vom Marquis Who's Who und einen vom Berkeley Poetry Festival. Der 5. Juni 2010 wurde in Berkeley zum „Jack Foley Day" erklärt. Außerdem ist er der erste Preisträger des Internationalen K.M. Anthru Literaturpreises der in Kerala (Indien) erscheinenden Zeitschrift LITTERAEUR RW. Seine neuesten Bücher sind die beiden zusammen gehörenden Bände *The Light of Evening, a brief autobiography* und *A Backward Glance O'er Travel'd Roads*, eine Psychobiografie, die sich mit „dem Wachstum des Geistes eines

Dichters" befaßt, sowie der Gedichtband *Creative Death*. Im Jahr 2019 veröffentlichten die beiden Dichter und Gelehrten Dana Gioia und Peter Whitfield den Band *Jack Foley's Unmanageable Masterpiece* – ein Buch mit Essays über Foleys *Visions and Affiliations*. Der Dichter Olchar E. Lindsann schreibt: „Jack Foleys sich ständig weiterentwickelndes und forschendes Schreiben ist seit vielen Jahrzehnten eine tragende Säule der amerikanischen Avantgarde, und seine detaillierten Geschichten über poetische Gemeinschaften in Kalifornien demonstrieren eine engagierte poetische Geschichtsschreibung." 1994 bemerkte Lawrence Ferlinghetti am Ende von Jacks Radiointerview mit ihm: „Jack Foley leistet Großartiges, indem er das poetische Bewußtsein von San Francisco artikuliert."

„Die Lebendigkeit, die ich mit der intensiven Erfahrung der Poesie verband, stieß mich in eine größere Welt – eine Welt, in der die Solidität des „Ichs" verschwand und die mich in verschiedene Richtungen bewegte. Für mich war nicht LSD oder indische Philosophie oder irgendeine Philosophie (obwohl Heidegger einen starken Einfluß hatte), sondern ein Gefühl für die Unendlichkeit der

Sprache das, was mich zur Poesie brachte. Ich habe in letzter Zeit Poesie als Worte betrachtet, die ständig in Bewegung sind und sich ständig über sich hinaus bewegen. Ekstase scheint mit der Instabilität der Sprache zusammen zu hängen. "

—Jack Foley

TABLE OF CONTENTS / INHALT

The translator of these poems, Andreas Weiland, is himself a poet. His most recent poetry books are *The Blackness of Black: Poems in Memory of Nan Hoover* (Stonybrook Editions, 2022), with an essay on Nan Hoover, and *An einem Tag voller Licht: Bilder und Träume von Japan* (edition offenes feld, 2023).

Der Übersetzer dieser Gedichte, Andreas Weiland ist selber Dichter. Zuletzt erschienen von ihm die Gedichtbände *The Blackness of Black: Poems in Memory of Nan Hoover* (Stonybrook Editions, 2022), mit einem Essay über Nan Hoover, und *An einem Tag voller Licht: Bilder und Träume von Japan* (edition offenes feld, 2023).

"Freedom is a new horizon

I dreamed of..."

"Die Freiheit ist ein neuer
Horizont, von dem ich träumte..."

Pier Paolo Pasolini, Aug. 1943

Stonybrook Editions is an imprint of NHV- Neuer Horizont Verlag, New York and Steinbeck.

Email: new.horizon.press@gmail.com